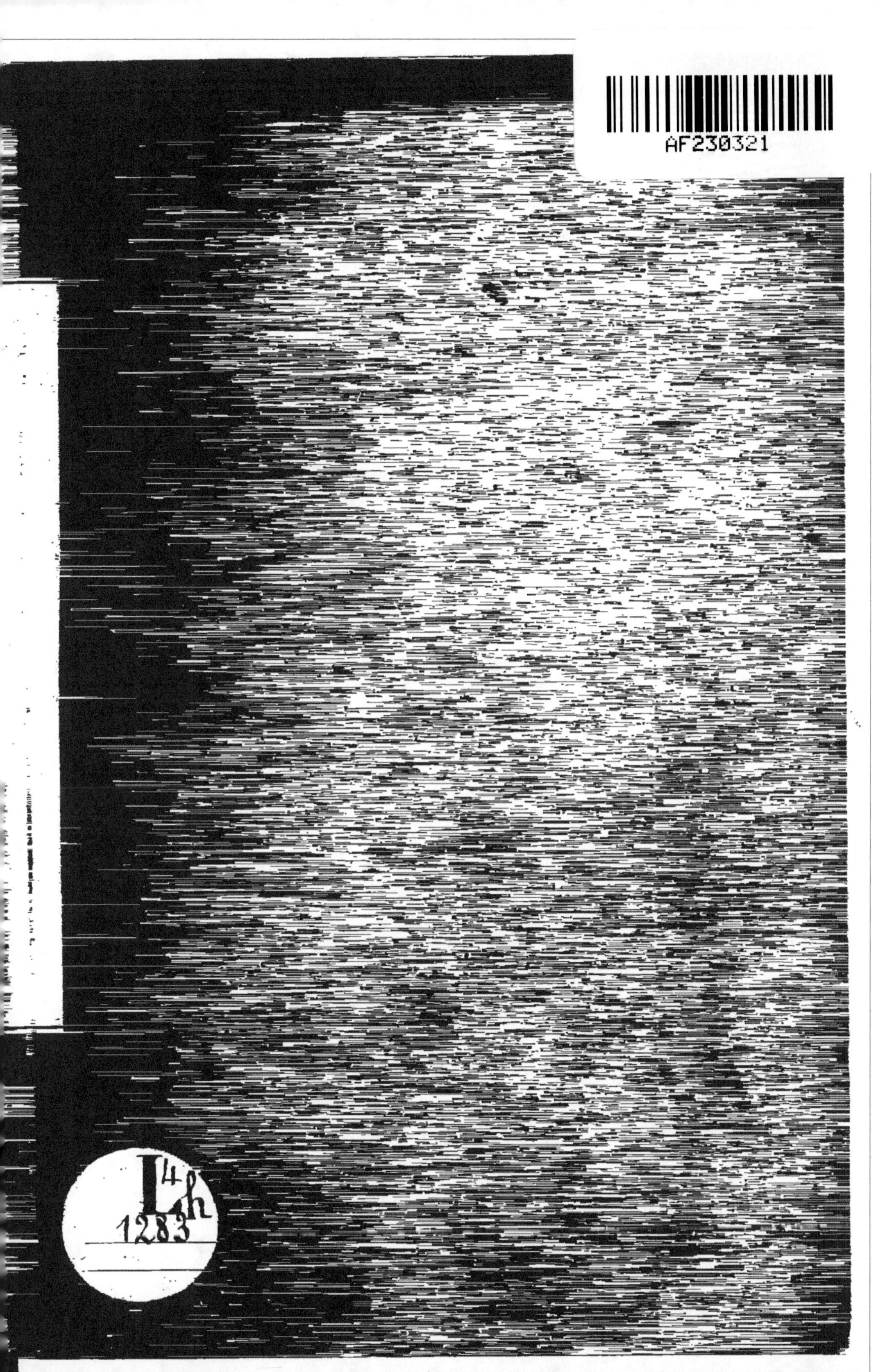
AF230321

I 4° h
1283

CAMP DES ALPINES

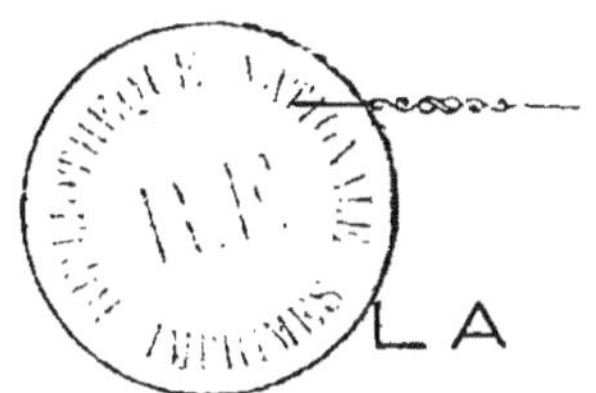

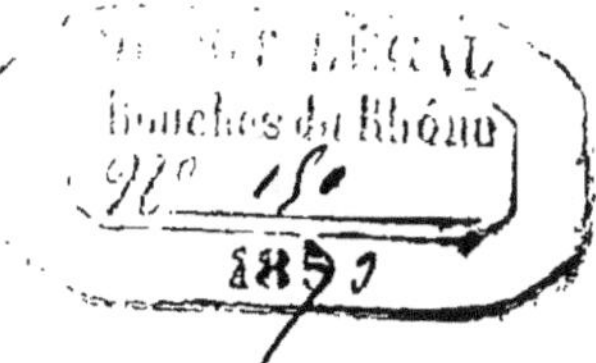

LA

RÉPUBLIQUE

EN BARAQUES

CARNET D'UN OFFICIER

Prix : 80 c^{mes}; par la poste 1 franc.

MARSEILLE

CRESPIN & Cie, LIBRAIRES – ÉDITEURS,

59, RUE TAPIS – VERT, 59.

1873.

A MES LECTEURS

Ces quelques notes ont été prises à la hâte, au jour le jour, sur un carnet de campagne.

Inutile dès lors de prévenir le lecteur qu'il n'y trouvera ni plan suivi, ni style soigné.

Mon seul but en les publiant est de révéler au public des faits qu'il ignore et de lui apprendre quelle discipline on peut attendre d'une armée comme celles que rêvent Messieurs les radicaux.

Puissent-elles l'aider à lui faire un peu comprendre quels hommes nous avons eus à notre tête pendant la triste période de la guerre à outrance et le mettre en garde désormais contre leurs théories désastreuses et leurs coupables audaces.

5 Juin 1873.

LA RÉPUBLIQUE

EN BARAQUES

Vendredi, 9 heures. — Visité le camp. Rien n'est prêt. M. le Vice-Président civil assure néanmoins que les troupes peuvent arriver : car personnellement, il est installé.

M. le vice-président Rouvier m'a paru un homme fort distingué, de manières et de naissance. Il a de trente à trente-cinq ans, autant que j'ai pu en juger. Grand et d'un port majestueux, il marche quelque peu courbé, par suite, sans doute, des longues nuits qu'il a passées sur les livres. On le dit fort instruit. J'ai constaté, en tout cas, qu'il parle de tout. Ses traits sont nobles, ses yeux brillent d'un vif éclat derrière un élégant lorgnon de cristal, et il porte très-crânement le képi de général de division. On dirait, ma foi, qu'il n'a jamais usé d'autre coiffure.

Le costume qu'il s'est composé lui va à ravir : vareuse noire, pantalon noir à bande rouge, et grandes bottes à l'écuyère ; toujours la cravache à la main et souvent l'épée à la poignée nacre et argent au côté. — C'est peut-être pour se donner l'air terrible. — Au fond, M. Rouvier est l'homme le plus doux de la terre. J'oubliais sept galons aux manches et autant au képi. C'est à contre-cœur que M. le Vice-Président s'est ainsi argenté sur toutes les coutures. Il m'a été dit qu'il ne voulait d'abord aucune passementerie, mais on lui a fait comprendre que sa nouvelle haute position exigeait un très-grand éclat, extérieur au moins, et il s'est résigné : noble sacrifice de sa part aux préjugés populaires.

Il a bien fait : rien n'est petit pour le génie, et ce qui ridiculise un homme ordinaire ne fait qu'honorer une intelligence d'élite.

Samedi, 10 heures. — A peine arrivés, nous pouvons apprécier le charme de la position.

Un bataillon de la deuxième légion de Marseille s'est révolté au moment d'entrer en baraques. On nous avertit. Nous accourons et nous constatons que les toitures ne sont pas finies. Les hommes n'ont, d'autre part, rien mangé depuis la veille au soir. Le pain que leur convoi a apporté ne leur a pas été distribué par suite d'un oubli de l'intendance. Cependant le bataillon est dans la neige depuis quatre heures. Nous nous efforçons de calmer les plus exaltés. On crie : « A bas Gent ! C'est une vengeance ! Retournons chez nous ! Allons-nous en ! » Ceux-ci frappent la glace de la crosse de leur fusil, ceux-là font manœuvrer le chien et la gachette de leur arme ; il est nuit et on ne distingue pas un homme d'un arbre à vingt pas devant soi. Le grand prévôt, malgré son énergie, ne peut rien. Il n'a ni gendarmes, ni gardes du camp. Il comprend du reste que, jusqu'à un certain point, ces hommes n'ont pas tout à fait tort. Que faire ? Chacun s'escrime de son mieux pour faire entendre raison à ces pauvres diables. Mais voici M. le Vice-Président civil.

C'est un homme fort éloquent que M. Maurice Rouvier. Il a la parole nette, le geste noble, ample et élevé. A certains moments il ouvre les deux bras, puis il les referme comme s'il voulait presser sur son cœur tous ceux qui l'écoutent. Comment résister à une éloquence si touchante ? C'est la véritable action de Démosthène. La main du Président paraît au-dessus de sa tête, elle va du ciel à la terre, du levant au couchant. Il semble se signer avec précipitation et exorciser tous les démons qu'il a devant lui, et il parle toujours ; les mots se succèdent avec une volubilité effrayante, les flots du Rhône ne roulent pas plus rapides que les phrases de l'orateur : « Lâches ! dit-il, avec autant de tact que de force, aux révoltés, vous êtes les indignes fils des hommes de 93. Ceux-là ne restaient pas quelques heures seulement dans la neige, ils y couchaient sans murmurer, ils y marchaient pieds nus. »

« — *Ah ben, oui ! mais vous, ôtez vos bottes !* » crie un insolent, et M. Rouvier se trouble. Il a tort, il faut s'habituer aux interruptions. A dire vrai, les boules de neige qu'on se prend à lui lancer ne sont pas faites pour le remettre. Grâce à Dieu, son émotion dure peu. « Y a-t-il encore des tentes, demande-t-il à un officier ? — Oui, M. le Président. — Eh bien, faites-en dresser une ici, dans la neige, j'y coucherai ce soir. »

Mais cet héroïque dévouement est inutile. Le bataillon se débande. Une compagnie part pour Châteaurenard, une autre pour Tarascon. Un capitaine déclare qu'il va à Bordeaux, rendre compte à Gambetta de ce qui se

passe ; c'est de la discipline, ou je ne m'y connais plus !
A peine quelques hommes se décident-ils à ne pas laisser coucher seul dans la neige le brave M. Rouvier.

Malheureusement ce soir M. Rouvier vient d'être
obligé de partir pour Marseille. Affaire de service auprès
de M. Gent. Rien de contrariant pour le dévouement
comme ces maudites affaires !

Dimanche, 11 heures. — Incendie cette nuit au quartier général.

Il paraît que les cheminées n'ont point de plaques en
fonte, et comme on fait, à cause du froid, un feu d'enfer,
une poutre du plancher s'est embrasée. Heureusement,
un planton était au rez-de-chaussée, juste sous la chambre du général. Étonné de voir tomber des morceaux de
plâtre et entendant, d'autre part, un bruit singulier sur
sa tête, il a donné l'éveil. C'était l'essentiel. Quelques
coups de pic dans le parquet et sept ou huit seaux d'eau
ont prévenu de plus grands dégâts.

Lundi, 9 heures. — Pauvres mobilisés ! Les effets
qu'on leur a distribués ne valent absolument rien. Ils ont
des caleçons taillés de telle sorte qu'ils ne peuvent les
mettre ; de soi-disant ceintures de flanelle ridicules ; au
bout de deux semaines, leurs vareuses ne sont plus que de
misérables chiffons ; elles n'ont ni couleur, ni consistance,
on dirait des vêtements ramassés dans une friperie. Les
pantalons seraient un peu moins mauvais, mais ils se
décousent et se déchirent très-facilement. Les chaussures
sont des chaussures de rebut, les semelles en sont formées
d'un hachis de vieux morceaux de cuir, de poil, de colle
et de carton. Aussi se percent-elles bien vite, quand elles

ne se détachent pas après quarante-huit heures de service.

Sur l'ordre du général, j'ai pris un soulier neuf pour en voir la qualité; *avec l'ongle, j'ai fait sauter les clous de la semelle !* Comment de pareilles chaussures pourront-elles résister à une marche?

La visière des képis n'est pas en cuir, elle est en carton et se fendille après huit jours d'usage. Ce n'est pas étonnant on en a confié la fourniture à un papetier. (1)

Les sacs se brisent, et lorsqu'ils sont pleins, on ne peut ni les fermer, ni les boucler ; les courroies sont trop courtes. Les gamelles se dessoudent et les bidons coulent. Comme les autres articles, la ferblanterie a été fournie par des gens qui n'y entendaient rien. (2)

Quant aux couvertures, elles arrivent un peu au-dessous du genou des hommes. On dirait de l'amadou. Vrai, elles feraient d'excellentes éponges ! (3)

Les toiles des tentes ne correspondent pas et les pieux se brisent la plupart du temps. Faites campagne avec cela. (4)

Mardi, 10 heures. — Ces braves fermières vont faire fortune. Chaque soir, leurs vastes cuisines sont envahies par une multitude affamée. Chacun s'attable et s'évertue de son mieux pour être le plus tôt servi. Devant une im-

---

(1) L'auteur se trompe. Ce n'est pas à un papetier, mais un ébéniste, M. Pé, conseiller municipal, qui obtint une fourniture de képis. (*Note de l'Éditeur.*)

(2) M. Dubouis, chapelier, aussi conseiller municipal, fournit la ferblanterie. (*Note de l'Éditeur.*)

(3) M. David Bose, armateur, conseiller municipal et membre de la commission d'adjudication des effets d'habillement et équipement, fournit des couvertures. Cela se faisait un peu en famille, comme on voit. (*Note de l'Éditeur.*)

(4) Voir la note A à la fin de la brochure.

mense cheminée où flambent des quartiers d'arbres entiers, l'hôtesse, ses filles, ses fils, ses amies préparent nos plantureux festins, dont la saucisse est l'unique élément. Assis dans un coin et privilégiés, grâce à notre uniforme, nous dévorons à la hâte ce qu'on a bien voulu nous vendre au poids de l'or. Dans la salle on passe le temps comme on peut. Officiers et soldats se coudoient et trinquent ensemble; on cause, on rit, on se tutoie sans souci de la hiérarchie, absolument comme on le faisait sous la redingote et le paletot.

Très-bien, mais demain, Messeigneurs, comment vous ferez-vous obéir par vos hommes ?

Mercredi, 11 heures. — Soixante centimètres de neige. Pour aller de Graveson à la gare et au quartier général on a été obligé de creuser une tranchée. Vent glacial et d'une violence extrême. Les paysans de cette région, pour garantir leurs champs de ces ouragans très-fréquents, paraît-il, les entourent de véritables murailles de cyprès. Ces masses noires qui se détachent sur le blanc linceul dont la plaine est couverte, font un singulier effet. Quand je suis de ronde et que j'entends le vent mugir à travers ces longs arbres funèbres, je me crois dans un cimetière. Je m'attends toujours à voir quelque croix de pierre au détour de la route. Young serait bien ici, et si on avait le temps d'y chanter, on ne chanterait guère que le *De profundis*.

Vendredi, 11 heures. — Vive la République !

Un garde de la première légion a manqué de respect à son lieutenant. Le général qui n'est pas tendre, l'a fait arrêter, et voici maintenant que les camarades pétitionnent pour demander sa mise en liberté.

Voilà quelques passages de ces pétitions : ils seront plus tard pour moi, une preuve précieuse de la discipline de nos hommes.

«.....La vérité est que le citoyen R... (le garde arrêté) n'a jamais monté de cabales, qu'il n'a jamais manqué à son service et n'a jamais fait que réclamer son droit.

« Il n'y a que vengeance de la part d'un officier contre la conduite duquel la compagnie tout entière a protesté sur la place publique.

« Nous venons donc protester contre des allégations aussi *fausses* que *mensongères.....*»

Et dans une autre, cette phrase étonnante, stupéfiante, abracadabrante

« Nous gardes nationaux, *mobilisés républicains, déclarons considérer comme une atteinte à nos droits de citoyens,* l'APPLICATION DES ANCIENS RÈGLEMENTS DISCIPLINAIRES en vigueur sous l'empire déchu... »

Ah ! comme M. Gambetta a raison de vouloir lutter jusqu'au bout avec de pareils citoyens ?

Mardi, 10 heures. — Spirituel quand même le troupier français ; qu'il soit sous le pantalon rouge du lignard ou sous la vareuse du mobilisé, c'est toujours le même homme.

Je retourne des baraques.

La première chose qui a frappé ma vue, quand j'y suis arrivé, a été un écriteau portant ces mots :

CAMP DE CREVAISON.

Dans un autre bataillon, on a imaginé la variante : CAMP *de crèves-hommes*.

C'est consolant.

A l'intérieur des baraques, c'est plus joli encore. A droite, je lis : « Côté des fluxions de poitrine; » à gauche : « Côté des pleurésies. » Un étudiant en médecine a sans doute passé par là; tout autre aurait mis : *Points de côté*.

A la porte de la baraque 3 du 2me bataillon : (1)

Ici on s'enrhume
à volonté.

—

Entrée Libre
Baraque 5 du 3me bataillon :
Maux de tête, de gorge et d'entrailles
au choix et au rabais.

—

On facilite les paiements.

—

Au-dessous d'une énorme crevasse dans la cloison de planches :

Et la garde qui veille aux barrières du camp
Nous défendra du vent
En l'arrêtant.

—

Personne d'ironique comme un poëte :
Gratis pro Gambetta
On souffre et on combat
Voilà un homme qui manque de patriotisme. (1)

---

(1) — Chaque bataillon était logé dans six baraques disposées en rectangle, l'un des côtés du parallélogramme formé par une septième baraque réservée aux officiers.

(1) Voir la note B à la fin de la brochure.

Jeudi, 9 heures. — Un habitant de Graveson a frappé hier un mobilisé de la 1ʳᵉ légion. Le colonel, un fier homme que j'ai vu en pantoufles fourrées, il y a quelques jours, dans la maison qu'il habite, a fait appréhender et emprisonner le coupable. Puis le maire a été mandé et vertement tancé. On assure même que le colonel l'a menacé, si pareil fait se reproduisait, de faire f..... le feu aux quatre coins de Graveson.

Feu de paroles que tout cela, mais néanmoins, si c'est vrai, voilà tudieu de l'énergie et de la sollicitude pour les hommes !

Peut-être un peu trop même !

Vendredi. — Nos hommes se plaignent de la boue, comme si c'était une chose dont on pût se plaindre en hiver et en République !

Il est vrai que l'emplacement du camp a été mal choisi. Pourquoi aller prendre des terres labourables, quand on avait tant de terrains rocailleux qu'il eût été si facile d'utiliser ? On n'a pas trop souffert jusqu'ici de la nature du sol parce que tout était recouvert d'une épaisse couche de neige, mais aujourd'hui que le dégel commence, on enfonce jusqu'à mi-jambes. Dans une semaine, il sera impossible d'aller à cheval aux baraques de certains bataillons.

Ajoutez qu'il a fallu couper un grand nombre d'oliviers et de vignes et qu'à la liquidation générale, on devra débourser de jolies sommes pour indemniser les propriétaires !

En ce qui concerne la position stratégique du camp, il n'y a rien de sérieux dans tout ce qu'on en dit. Si les Prussiens descendent dans le Midi par la vallée du

Rhône, nous ne pourrons pas les arrêter. Pour le faire utilement, on aurait dû établir le camp à Donzères. L'avoir construit ici, c'est n'avoir rien fait du tout, sinon de la dépense inintelligente...

Dimanche, 8 heures. — Les Prémontrés, dont le couvent est ici près, dans la Montagnette, ont voulu descendre ce matin en procession pour dire la messe au camp. Ils l'ont dite ; mais lorsqu'ils ont passé de nouveau devant les baraques, en remontant chez eux, ils ont été hués par un bataillon. Il est triste de voir de pareilles choses, et je doute fort que ces insulteurs de prêtres fassent de bons soldats. En tout cas, l'un d'eux a donné une singulière preuve de sa modération, en frappant aujourd'hui même de trois coups de couteau, un cantinier avec lequel il s'était violemment querellé.

Lundi, 10 heures. — A la suite de ce qui s'est passé hier, j'ai été envoyé aux Prémontrés. L'abbé m'a reçu convenablement, mais froidement. Pour servir les vœux du général et éviter désormais tout ennui, il ne reviendra plus au camp.

J'ai profité de cette occasion pour visiter le monastère qui est très-beau. Construit il y a peu de temps et à diverses reprises, il manque d'harmonie dans l'ensemble. Mais l'intérieur en est parfaitement aménagé. L'église surtout est remarquable ; on y fait de l'excellente musique et les peintures qui la décorent m'ont paru bonnes. Une seule chose m'a choqué, ç'a été de voir le Père abbé peint trois ou quatre fois sous la figure du saint son patron sur les vitraux, la voûte et les panneaux de l'armoire renfermant le trésor. Ce dernier est d'une grande richesse. Par prudence on a fait disparaître les objets les plus précieux, de sorte que si, malgré des inscriptions que les religieux ont eu la précaution de faire mettre en lettres rouges sur leur porte : *République française : Liberté, Égalité, Fraternité ; — Respect à la propriété d'autrui,* on venait encore chez eux pour les visiter, ou mieux pour les piller, on ne trouverait presque plus que des fac-simile. L'orfévrerie est cachée hors du monastère depuis longtemps.

Mardi, 10 heures. — Revue à Arles des légions de cette ville et d'Aix.

Les troupes étaient rangées sur la Lice. Le général a constaté que les Arlésiens étaient les mieux équipés du département. A la rigueur, ils pourraient tenir campagne pendant quinze jours !

Après la revue, nous avons visité les arènes et Saint-Trophime, antique cathédrale des premiers siècles de l'Église. Les premières sont assez bien conservées. Je les ai parcourues avec plaisir et intérêt.

Mercredi. — Enfin, un traiteur s'est installé au camp.

Jusqu'à présent nous avions été obligés de vivre comme nous pouvions, couchant dans une ferme et dînant dans l'autre Le quartier général établi dans une petite maison de campagne est grand comme une bonbonnière. On y est entassé. Du grenier on a fait quatre salles larges chacune comme un mouchoir de poche. La première est réservée au service de l'employé du télégraphe. La seconde et la troisième ont la prétention d'être un secrétariat et une chambre, service des bureaux du commandant en chef, et la quatrième cumule ambitieusement ces deux emplois pour les employés du général de brigade. Une table et un lit de banc, voilà tout l'ameublement de ces compartiments où vivent cependant une vingtaine de jeunes mobilisés !

A vrai dire, je ne sais comment ils n'étouffent pas !

Vendredi. — Vu pour la première fois l'intendant. Petit, gros, parlant peu, décoré, évidemment un homme très-fort ; en tout cas, un fonctionnaire très-dévoué à la République (1).

Dimanche, 10 heures. — Premier embarquement pour Lyon : un bataillon et demi des Bouches-du-Rhône.

Lorsque le train est arrivé et s'est arrêté devant les hommes rangés sur deux lignes le long de la voie, personne n'a voulu monter. Le convoi était formé de voitures de troisième classe et de wagons à marchandises avec bancs en planches. Cela ne suffisait pas à ces messieurs. L'armée française tout entière a passé par là; il fallait mieux que cela à nos gaillards, preuve sans doute qu'ils ne se considèrent pas comme faisant partie de l'armée française. Puis un loustic a commencé : *Bèè!* *bèè-e!* et en un instant le cri a été répété sur toute la ligne. Ceux-ci bêlaient, ceux-là mugissaient, tous faisaient un vacarme épouvantable. Chacun montrait ses petits talents. On se serait cru dans un abattoir. Mais ce n'a pas été long. Le grand prévôt a pris son révolver, puis, saisissant par le collet celui qui criait le plus, il lui

---

(1) Cet intendant, ancien officier d'administration, s'était lancé dans le mouvement radical et avait été nommé maire d'Avignon, le 4 septembre.

a gentiment mis son arme sous le menton : « Monte, ou je te brûle la cervelle ! » Le malheureux a pâli affreusement et ne se l'est pas fait dire deux fois. C'est que le grand prévôt ne riait pas de son côté. Mais sa menace a fait de l'effet : quelques minutes après, le bataillon était embarqué.

Heureusement l'armistice est signé ! Le ministre de la guerre veut la guerre à outrance avec de pareils hommes ! Possible : mais à condition de placer à côté de chacun d'eux, un grand prévôt, le révolver au poing...

Lundi. — En allant à Graveson, j'ai vu le grand prévôt. « Mon cher, m'a-t-il dit, vous avez cru peut-être que j'allais *faire un malheur.* Eh bien, mon révolver n'était pas chargé ! Il ne contenait que les culots de cartouches qui m'ont déjà servi. Malgré cela, avez-vous vu le lâche ! Comme il s'est dépêché de grimper en wagon. Et le plus mauvais, s'il vous plaît. J'en rirais encore, si je n'étais navré ! »

Lundi, 9 heures. — Deuxième embarquement. Pas trop de difficultés. On faisait bien quelques façons d'abord, mais le colonel a vite décidé ses hommes.

Le pauvre M. Rouvier a été le seul à subir une mésaventure. Il haranguait les troupes avec ce feu qui le caractérise et qui fera de lui un des premiers orateurs de la tribune française, si l'envie ne barre pas le chemin à son mérite, et il venait de terminer son discours par ces mots : « Oui, mes amis, Vive la République ! crions tous, Vive la République ! » quand un caporal, qui était là, s'est planté devant lui et a crié de tous ses poumons : « *Vive la M....* »

Voilà ce que c'est que de rétablir les paroles historiques. Si on avait laissé à Cambronne son mot : « La garde meurt et ne se rend pas, » peut-être bien que cela ne serait pas arrivé.

Et M. Rouvier n'en aurait pas été fâché !

Mardi. — Troisième embarquement. Tragédie encore. Répétition de la première représentation. Le grand prévôt en a fait cette fois aussi son affaire. Il a bel et bien mis la main sur le plus bruyant des mutins, et le tirant sur la chaussée, l'a fait mettre à genoux. A son ordre, quatre gardes du camp s'approchent et chargent leurs fusils.

Quand le malheureux a entendu la baguette glisser dans le canon, il a cru sa dernière heure arrivée : « Mon Général, pitié ! criait-il, en se traînant aux genoux du commandant en chef, pitié pour ma mère ! Ah, ne me faites pas fusiller ! » On lui a fait grâce, et au lieu de le fusiller, les gardes du camp l'ont conduit en prison.

Pendant ce temps ses camarades montaient lestement en wagon.

Mercredi, 10 heures. — Plus ça change, plus c'est la même chose. Toujours la même histoire. Pas moyen d'embarquer les hommes sans accident. Les troupes hésitaient encore. Le général aperçoit, au milieu d'elles, un jeune homme à la figure assez distinguée. Il va vers lui pour l'engager à donner le bon exemple :

« — Vous, lui dit-il, mon ami, vous qui avez du cœur....

« — Du cœur, mon général, lui répond l'autre, vous vous trompez, je n'en ai pas. »

. . . .
. . . .

Enfin ils sont partis, Dieu les accompagne !

Jeudi, 9 heures. — Des quatre commandants du génie nommés par M. Gent, je n'avais aperçu jusqu'ici que le plus jeune. J'ai vu le second cette après-midi. Je ne sais si mes souvenirs me trompent, mais il me semble que j'avais déjà rencontré M. le commandant Borde ailleurs. Autant qu'il m'en souvient, cet honorable officier a eu beaucoup à souffrir sous l'Empire, des tracasseries dont l'administration le poursuivait à cause de ses vieilles et inébranlables convictions républicaines. Exempt de toute ambition, citoyen avant d'être homme, il fut toujours pour le pouvoir un adversaire sans passion, mais sans bassesse. Son caractère droit et loyal, sa noble fierté l'empêchèrent sans cesse de se traîner misérablement aux pieds de Napoléon, comme tant d'autres n'eurent pas honte de le faire. Il ne désire rien d'ailleurs, sinon d'accomplir son devoir. Les titres ne lui sourient pas, il méprise les vains hochets des monarchies et c'est avec bonheur que j'ai constaté qu'il ne portait pas sur sa poitrine les décorations qu'il a si vaillamment gagnées cependant. C'est un bon signe, une preuve évidente que l'on ne court plus après un bout de ruban et qu'on ne veut désormais rougir sa tunique que d'un sang glorieusement versé au service de la patrie.

La République a bien fait de récompenser celui qui avait tant souffert pour elle et dont les lumières vont nous être si précieuses ! Ah ! si tous les choix étaient semblables à celui-là (1)

(1) Voir la note C.

Vendredi, 10 heures. — Délégué à Arles pour le départ d'une des légions qui y étaient cantonnées.

De plus fort en plus fort.... Un capitaine adjudant-major conseillait à ses hommes de ne pas monter en wagon. Des chasseurs à cheval que j'ai fait venir les ont bien à la fin décidés à partir.

Je remonte au camp dans un train de service, seul avec le secrétaire du sous-préfet d'Arles (un drôle de sous-préfet, ma foi, qui se paie un aide-de-camp). Ledit secrétaire était envoyé à Eyragues pour faire, je crois, une enquête électorale.

En gare de Graveson, je rends compte de ma mission au général. Lorsque le convoi d'Arles arrive, l'adjudant-major est amené devant le commandant en chef qui lui inflige un mois d'arrêt. Mais des mobilisés croient bon de protester contre cette punition : on en arrête un. Ses camarades se ruent sur ceux qui le tiennent et le délivrent. Celui-ci saute la barrière du chemin de fer et s'enfuit, mais il est bientôt rattrapé. En même temps, le grand prévôt a arrêté un des libérateurs et lorsque la locomotive se met en marche, il reste deux prisonniers au camp au lieu d'un.

Bons soldats que ces hommes.

Samedi, 11 heures et demie. — Reçu la légion de la Haute-Garonne. Trois chefs de bataillon très-bien, appartenant à de grandes familles, et un colonel dont l'œil brillant décèle un valeureux partisan de la guerre à outrance.

Ancien sous-officier aux zouaves, dit-on; il était, il y a deux mois, employé dans une brasserie aux appointements de 1,500 francs par an. C'est le grand Duportal qui a tiré son ami de cette position humiliante pour lui donner un régiment. Honneur aux préfets qui ne se laissent ainsi guider dans leurs choix que par leur conscience et qui récompensent aussi justement le mérite reconnu !

Décidément les brasseries sont une riche et précieuse pépinière. Elles nous avaient déjà donné M. Gambetta, son secrétaire, notre inspecteur M. Spuller (que nous n'avons jamais vu,) elles sont à même, paraît-il, de nous donner des officiers supérieurs, très-supérieurs.

Il faudra les multiplier à l'avenir et supprimer les écoles spéciales. Pourquoi l'école Polytechnique, Saint-Cyr et Saumur ? C'est inutile..... Les brasseries suffisent amplement.

Dimanche. — Je reviens de ronde. J'ai rencontré aux grands-gardes un factionnaire impossible. Après m'avoir arrêté par le : *Qui vive !* sacramentel et sur ma réponse, m'avoir parfaitement débité comme un vieux soldat le : *Halte au falot, avance au mot de ralliement !* mon homme n'a plus voulu me laisser avancer, bien que je lui eusse donné le mot. Comment faire ? Il le prenait au sérieux et avait croisé baïonnette. Je lui ai répété le mot quatre ou cinq fois, toujours en vain. Je perdais patience, quand j'ai enfin aperçu à quelques mètres, le caporal qui venait relever la garde. C'était heureux ! Tout s'est expliqué.

Le mot était *Kamiesh,* mais comme cette ville est parfaitement inconnue à mon factionnaire, la ganache en avait fait.... *Caniche !* Allez deviner cela, et voilà pourquoi il me refusait le passage.

Il faut dire d'ailleurs que son chef de poste était aussi fort que lui. Je lui ai demandé le mot d'ordre et il m'a carrément répondu : *Clermont* ; c'était : *Kellerman.* Reconnaissez-vous-y ! On a beau penser à tout et savoir qu'on a affaire à des Auvergnats, on ne peut s'imaginer qu'ils feront du vainqueur de Valmy le chef-lieu de leur département : *Kellerman*, Klerman, Klermon, Clermont !!

Ces braves gens sont désespérants.

Lundi. — Bien, aujourd'hui c'est mieux. Une sentinelle qui a complétement oublié le mot et trois chefs de poste absents du corps de garde. Gare demain !

Mardi, 9 heures. — J'ai été assez indiscret tantôt pour demander comment il se faisait que le vice-président civil qui met tant de grâce en tout, fût si embarrassé à cheval. On m'a répondu que l'équitation était la seule chose qui eût manqué à sa forte éducation. Il a préféré l'utile à l'agréable et les connaissances sérieuses aux arts d'agrément. Il monte d'ailleurs assez bien pour les·leçons qu'il a prises. Je me suis laissé dire que, lorsqu'il fut nommé à la haute position qu'il occupe, son premier soin fut d'aller au manége Demaine suivre la piste dans le cirque pendant quelques jours. S'il en est ainsi, on ne peut pas lui demander d'être aussi bon écuyer que Franconi.

Il s'en tire assez bien déjà en restant sur sa bête !

Mardi, 10 heures. — Pour la première et la dernière fois sans doute, nous avons reçu un prêtre au camp. Il est attaché, en qualité d'aumônier, à une des légions d'Auvergne, la troisième, je crois.

Mercredi. — Extrait d'un rapport reçu aujourd'hui d'un chef de détachement.

. . . .

« Mes soldas son bons du reste étans tous raipublicains. »

Le soulier-tenant,

X.

Le *soulier-tenant* en question est Auvergnat et savetier, dit-on, de son métier.

Cela peut expliquer bien des choses.

Vendredi, 10 heures. — Un des aides-de-camp de M. Rouvier vient de partir pour lui acheter un cheval. Le pauvre vice-président s'éreinte et éreinte ses montures à courir sur toutes les routes de Barbentanc à Tarascon et de Boulbon à Saint-Remy.

Puisse cet officier être conduit par son étoile (1) dans cette mission toute de confiance !

Samedi. — Revue générale des légions de Vaucluse. Elles sont fort bien commandées et ont une véritable tenue de troupes régulières. Elles ont d'ailleurs un bon commandant supérieur.

Dimanche, 10 heures. — Les mobilisés du Puy-de-Dôme sont mieux équipés que ceux des Bouches-du-Rhône. Ils ont une couverture percée au milieu. Ils passent

---

(1) Les trois officiers d'ordonnance de M. Rouvier portaient une étoile en argent brodée sur leurs képis. De là le nom d'officiers de la Belle-Etoile qu'on leur donnait parfois. *(Note de l'Édit.)*

la tête à travers et semblent tous vêtus de dalmatiques grises, ce qui est pittoresque. Leurs capotes sont bonnes, mais leurs effets d'équipement ne valent pas le diable.

Mardi. — Enfin le camp commence à ressembler à un camp. Le matin on voit les hommes partir pour la corvée. Ici on fait l'école de peloton, là l'école de bataillon, un peu plus loin l'escrime à la baïonnette. Dans la Montagnette, on entend les coups de fusil des compagnies qui sont au tir. Mais à quoi cela servira-t-il, puisque l'armistice est signé?

Les caporaux d'ordinaire n'en font pas moins merveille. C'est plaisir de les voir surveiller la cuisine en plein air. Deux grosses pierres, voilà le fourneau. Chaque escouade a le sien; on aligne une vingtaine de ces fourneaux primitifs et deux ou trois hommes suffisent alors pour le *rata*.

Ma foi, j'avoue qu'il est souvent appétissant.

Mercredi. — Les Auvergnats avaient trouvé un bon moyen de ne pas se déranger pour aller chercher du bois. Ils arrachaient tout simplement les vignes qu'ils trouvaient autour de leurs baraques, comme si on ne devait pas avoir déjà assez à payer à la fin de la guerre pour les oliviers qu'il a fallu couper au moment de la construction. Défense expresse de toucher à quelque arbre ou arbuste que ce soit, ordre du général en chef.

Vendredi, 11 heures. — Allons, bon, les légions d'Auvergne s'y mettent aussi!

Ce matin on avait emprisonné un mobilisé, ce soir la

compagnie a pris les armes et est allée tranquillement le délivrer.

Un officier d'état-major a rencontré la compagnie sur la route. Il a pris un homme par le collet et l'a traîné quelques mètres; mais il a bien fallu le lâcher.

Grand conseil au quartier général à l'instant même. A demain la répression.

Samedi, 11 heures. — Après la revue, le général en chef s'est adressé aux révoltés, les a interpellés avec énergie, puis les a fait désarmer et conduire à Tarascon. Ils ne s'y attendaient pas. Cela a été l'affaire d'un instant. Ils n'avaient pas un visage joyeux au milieu de la double file de chasseurs à cheval qui les conduisaient !

On a également désarmé et emprisonné le poste du quartier général précisément composé de mutins.

Dimanche. — Il n'est pas étonnant que ces pauvres malheureux varioleux aient des délires furieux. Avant d'entrer à l'hôpital, ils vident leurs gourdes, quelquefois même ils égouttent celles de leurs camarades.

Mardi, 9 heures. — Grande fête demain à Saint-Remy. La 1re légion de la Haute-Garonne donne un concert. Capoul qui est, affirme-t-on, de cette légion, chantera.

Jeudi, 11 heures. — Les légions de l'Aude sont arrivées aujourd'hui. Elles sont mieux armées que celles que nous avons eues jusqu'ici. Mais leurs effets d'équipement et de campement ne valent pas grand'chose.

Vendredi, 8 heures. — On annonce toujours de l'artillerie, des canons Reffye. Depuis qu'on en parle, il serait vraiment grand temps que ces pièces arrivassent. Tout est prêt pour les recevoir. Dieu sait si elles feront jamais leur entrée au camp.

Il y a ici un instructeur d'artillerie et pas le moindre canon.

— Un capitaine instructeur de cavalerie et pas l'ombre d'un cavalier.

Samedi, 11 heures. — Revue à Saint-Remy.

Au moment où le général passait devant lui, un mobilisé jette son fusil d'un côté, son képi de l'autre, déboucle son sac et insultant ses officiers qu'il traite de C.. ... crie qu'il ne veut plus servir, qu'il en a assez et qu'il n'ira pas se battre.

Arrêté immédiatement.

. *Dimanche, 9 heures.* — Impossible d'obtenir des chefs de détachement les effectifs des hommes qu'ils commandent.

On le demande, on le redemande, c'est inutile... Ils ne vous l'adressent jamais à temps. Aujourd'hui encore, j'ai été obligé d'aller moi-même aux baraques faire sonner au sergent-major pour prendre les effectifs, compagnie par compagnie. Le service peut-il marcher dans de pareilles conditions ?

Si le ministre de la guerre n'est pas mieux obéi et renseigné que nous, je comprends jusqu'à un certain point les ordres absolument contradictoires qu'il nous donne si souvent.

Lundi, 10 heures. — La gendarmerie a ramené au camp une trentaine de déserteurs. Avaient-ils la mine piteuse ces pauvres diables enchaînés deux à deux! On les a fait défiler devant les baraques. Il est à croire que leur vue aura produit une salutaire impression sur nos mobilisés.

Mardi, 9 heures. — Aux revues, les officiers du Puy-de-Dôme ne se contentent pas de saluer leur général, tous sans exception et sans souci des règlements. Ils font encore les gracieux et certains d'entre eux agrémentent leur salut de mouvements qui nous font croire qu'ils nous bénissent de leur vaillante épée. Heureusement que dans leurs rangs se trouvent des hommes sérieux et des officiers d'une réelle valeur.

Mercredi, 11 heures. — M. le Vice-Président pose sa candidature à l'Assemblée. Puisse-t-il être nommé pour l'honneur de la langue française et le bonheur de ceux qui goûtent les chefs-d'œuvre de notre littérature. (1)

Jeudi, 10 heures. — Avec quel enthousiasme partent les hommes. Il faut voir cela. Quel entrain ils mettent à se défaire en mains de l'intendance de leurs capotes et des autres effets que le ministère a ordonné de laisser au camp. Sont-ils heureux de partir. Ils dansent la farandole. Au surplus, je comprends leur joie. Habiter une baraque mal construite; après une heure de pluie, voir l'eau passer sous les couvre-joints et couler sur les lits-de-camp

---

(1) Voir la note D.

n'est pas précisément agréable, et quand on a goûté de cette vache enragée, on doit avoir hâte de rentrer au logis.

Ces pauvres gens ont souffert. A quoi ont servi ces souffrances? A rien. Pourquoi alors les leur imposer?

Vendredi. — Décidément les électeurs sont fous. Ils ont préféré la liste réactionnaire à la liste républicaine. Pauvre République! Après tout ce que tu as fait pour la France, ils te paient de la plus noire ingratitude. Dévouez-vous ensuite pour être ainsi récompensé!

On a nommé Charette et Cathelineau. Certainement ils ont fait leur devoir. Mais à côté de M. Rouvier? Soyez certains qu'ils vont voter pour la paix, les lâches! Ils trouvent qu'ils se sont suffisamment battus. Ce n'est pas l'avis de notre vice-président...... Lui d'ailleurs n'aurait pas une pareille faiblesse. Je suis sûr qu'il se dévouerait six mois encore, s'il le fallait, comme il s'est dévoué depuis qu'il est ici. Rien ne l'abat, ni fatigues, ni privations; il a un courage à toute épreuve et un dévouement plus grand que son courage......

NOTES

NOTES

—⸱⸱⸱—

Note A.

On lisait dans un journal démocratique du mois de janvier :

« On demande s'il est vrai que beaucoup de fournitures pour l'équipement des mobilisés de Marseille ont été confiées à des membres du conseil municipal ?

« On demande si ces fournisseurs municipaux avaient les connaissances pratiques spéciales nécessaires et s'ils ne sont pas exposés comme membres de la commission à se contrôler eux-mêmes ?

« On demande enfin si la loi écrite ou la délicatesse non écrite n'interdisent pas ces sortes d'affaires qui même très-loyalement faites, peuvent être exploitées par des adversaires systématiques.

« On demande de plus, s'il est vrai que des conseillers placent et replacent leurs parents et amis dans *tous* les emplois *épurés* et s'il est vrai que tous les autres membres du Comité aient répondu à une proposition : Dis donc, voilà ton sixième parent placé, c'est assez pour toi.

Cᴴ. »

Les fonctionnaires républicains ne se faisaient aucun scrupule de soustraire leurs amis à la mobilisation. C'est ainsi que le sous-préfet d'Arles télégraphiait à un membre du conseil de révision.

« Mon ami Garmanelli va passer au conseil de révision. Je te le recommande d'une façon toute spéciale.

GIRAUD. »

Toujours le même système : guerre à outrance, mais pour les autres seulement !

Note B.

Dans les premiers temps surtout, le camp manquait de bien des choses. Au moment où sa construction fut décidée, les francs-maçons lancèrent la circulaire suivante :

A toutes les loges de Marseille, Aix, Arles, Toulon, Antibes, Grasse, Nice, Vallauris, Chambéry, Grenoble, La Tour-du-Pin, Vienne, Voiron, Crest, Die, Valence, Digne, Sisteron, Avignon, Carpentras, Orange, Pertuis, Ajaccio.

T. C. F.∴

Au milieu des désastres que nous subissons et des rigueurs d'un hiver exceptionnel, la Maçonnerie ne peut et ne doit pas rester indifférente. Si le G. O. est muet par suite de l'investissement de Paris, il faut que les départements groupent leurs loges par région pour venir en aide à ceux qui vont défendre le sol de la patrie et reviennent blessés portant des marques glorieuses de leur courage.

A nos portes, un camp va recevoir les gardes mobilisés des départements des Bouches-du-Rhône, du Var, des Alpes-Maritimes, des Hautes-Alpes, des Basses-Alpes, de la Haute et de la Basse-Savoie, de la Drôme, de l'Isère, de Vaucluse et de la Corse. Quelques-uns *de nos amis* peuvent manquer des choses utiles et même nécessaires, quelques-uns laissent chez eux des pères hors d'état de pouvoir travailler, des mères malades, des sœurs sans secours, des orphelins dont ils étaient le soutien. Le Conseil des K∴ de Marseille a pensé qu'il serait bon de grouper les loges de tous ces départements pour venir en aide à toutes ces infortunes..........

De grands exemples vous sont donnés. Vingt ans d'un despotisme abrutissant n'ont pu avilir la nation française, l'initiative individuelle se réveille de toutes parts ; arborons notre drapeau de la fraternité et de la solidarité, et montrons une fois encore que si la F. M∴ est une école de philosophie, elle est aussi une œuvre d'humanité et de patriotisme.

Le Président du Conseil, membre de
l'ordre du G. O. de France.

G. Bremond.

Cette circulaire semblait promettre monts et merveilles au moins pour *les amis*. Ceux qui ont passé au camp savent ce qu'il en résulta. La franc-maçonnerie ne donna jamais le moindre signe de vie.

Au moment du départ des mobilisés des Bouches-du-Rhône pour Lyon, le camp se trouva un instant dégarni. Les infirmiers avaient rejoint leurs régiments et l'ambulance marseillaise qui venait d'arriver comptait plus d'officiers que de soldats. Elle ne pouvait pas faire le service d'hôpital et on l'expédia vers le Rhône. Cependant les malades étaient sans soins. Personne ne voulait se consacrer à eux. Les varioleux surtout étaient abandonnés. Dans cette circonstance, qui se dévoua ? Les francs-maçons? Pas le moins du monde. Comme toujours on eut recours à des religieux et les Prémontrés vinrent soigner jusqu'à l'arrivée des mobilisés du Puy-de-Dôme ceux qui, malgré tout le zèle du médecin en chef, avaient été sur le point d'être délaissés.....

NOTE C.

L'auteur s'est trompé sur le compte de M. Borde qu'il a sans doute confondu avec un autre radical du même nom.

Nous rectifions les faits.

M. Paul Borde qui était chargé au camp de la construction de la section de Saint-Remy, comme chef de bataillon du génie, est né à Rousset (Bouches-du-Rhône) d'une famille de cultivateurs. Il s'occupa d'abord de chemins de fer, puis se lança dans diverses spéculations, et vers les derniers jours de l'Empire était ingénieur d'une grande compagnie anglaise qui s'écroula comme tant d'autres.

Entre temps, M. Borde fit de la politique. Il fut nommé conseiller général du département des Bouches-du-Rhône et les lettres suivantes qu'il écrivit comme tel à M. le sénateur de Maupas donnent une idée exacte de la haine qu'il nourrissait dès lors contre l'Empire.

Marseille le 31 juillet 1867.

Monsieur le Préfet,

« J'ai l'honneur de vous adresser plusieurs ouvrages destinés à Sa Majesté l'Empereur ; je vous serai infiniment reconnaissant, M. le Préfet, si vous pouviez les faire parvenir à *notre souverain.*

« Je me permets de joindre à cette lettre un numéro du journal du mois de janvier 1867, contenant *une biographie qui n'est pas* MON ŒUVRE.

Malgré *les faits véridiques* de cette biographie, JE NE SUIS PAS DÉCORÉ (!) *Je ne demande ni ne réclame rien,* Monsieur le Préfet, mon caractère s'y oppose. Quant à mes opinions elles sont connues. Je veux *l'Empire dynastique* avec la liberté; c'est la seule profession de foi que je doive faire. Aussi je me borne à constater un fait : *depuis de longues années* l'ÉTAT EST MON DÉBITEUR, A LUI DE S'ACQUITTER.

. . . .

« Quoiqu'il advienne de cette lettre, Monsieur le Préfet, je n'en serai pas moins *un de vos conseillers généraux dévoués.*

« Recevez, etc...

« Paul BORDE. »

Un si beau dévouement méritait de n'être pas décoloré par un récompense quelconque. C'est ce que pensa le Préfet. M. Borde s'adressa alors au Ministre, à qui il fit parvenir une missive dont chacun goûtera le suave parfum de délicate modestie :

« Monsieur le Ministre,

« J'ai l'honneur d'adresser à Votre Excellence copie d'une lettre que je viens de faire parvenir à M. le Préfet des Bouches-du-Rhône. Cette lettre, M. le Ministre, vous fera connaître *une situation que j'ai cru devoir révéler à Votre Excellence.*

. . . .

« La distinction honorifique qui pourrait m'être accordée ne serait pas seulement une réparation, mais elle aurait *un autre effet moral.* Bien que je sois un *des plus grands propriétaires* de mon arrondissement, bien que mon nom ait été *mêlé aux grandes affaires de notre temps,* et que divers ouvrages scientifiques et d'économie politique soient sortis de ma plume, je suis un enfant du peuple, fils d'un ouvrier de Rousset, canton de Trets, (B.-du-R.) Je suis resté pour la population *leur espoir et leur affection (sic).* Aussi cette distinction serait à la fois pour eux un exemple et *une satisfaction* et elles cesseraient de demander pourquoi mon nom a été si souvent oublié par vos précédents préfets.

« Confiant, M. le Ministre, en votre haute équité, j'ose soumettre la question à la haute et juste appréciation de Votre Excellence.

« Paul BORDE. »

Hélas le ministre fut de l'avis du préfet.

De ce jour M. Borde se demanda s'il ne se convertirait pas à la République, pour laquelle il n'éprouvait pas cependant encore une tendresse bien marquée.

« Je ne crois pas utile, écrivait-il, en effet, à M. de Maupas, de vous rappeler que l'administration m'a toujours trouvé prêt à répondre à son appel ; dernièrement encore, j'ai concouru à l'élection de M. Gounelle, candidat de la section d'Endoume, bien que le patronage que vous aviez accordé à ce candidat m'ait empêché de me présenter aux électeurs dans un quartier où, seul, depuis dix ans je me suis occupé de *sa* transformation *(sic) et où seul je pouvais combattre M. Guinot, candidat de l'op-position systématique.*

« Paul Borde. »

Tout aurait pu être arrangé à l'époque des élections au Corps Législatif. Malheureusement la candidature officielle ne fut pas accordée à M. Borde. Il entra donc dans la lice, appuyé sur son seul courage et soutenu par un seul journal qu'il avait eu soin de fonder et qui ne vécut que ce que vivent les roses électorales. Le succès fut complet. M. Borde eut beau faire appel à tous les ha-bitants de « Marseille, *dont* nous sommes tous *ses* en-fants » comme il le disait dans son langage fleuri, M. Borde resta sur le carreau.

C'en fut fait : il abandonna l'Empire... mais de cœur seulement. Il sauva les apparences, en quoi je l'admire, car cela lui permit d'obtenir du ministre Duvernois avec lequel il s'était trouvé à la *Liberté*, une fourniture de bœufs au prix de 1 fr. 15 le kilog, quand les autres fournisseurs n'étaient payés qu'à raison de 0 fr. 95 cent., 1 fr. ou 1 fr. 05. Il est toujours bon d'avoir des amis. Déjà M. Borde avait une fourniture de pantalons et une d'avoine. Celle des bœufs vint compléter la chose et il se mit résolûment à la besogne.

Comment les bœufs furent livrés à Paris par les four-nisseurs en général? Un rapport de la Commission des Marchés l'indique. Un des inspecteurs de la Villette s'ex-prime d'autre part ainsi à ce sujet :

« Les pesages des bestiaux se sont faits au milieu du plus grand encombrement provoqué par les arrivages multipliés. Notre service d'inspection, complétement absorbé par d'autres soins, n'a pu surveiller les bascules...

« On a affirmé que des bestiaux avaient passé à diverses reprises sur la bascule, augmentant ainsi le chiffre des animaux présentés...

Et l'inspecteur conclut en parlant des fournisseurs comme suit :

« Pour moi cette conviction existe que ces gens-là sont malhonnêtes et qu'ils ont *tous* plus ou moins abusé de la situation, *qu'ils ont obtenu du ministère, par des influences dont on se rend difficilement compte, des marchés aussi onéreux pour le Gouvernement, qu'avantageux pour eux,* qui leur ont permis d'acheter sur le marché même et souvent de seconde main des bestiaux de valeur infime qu'ils ont, grâce à des manœuvres frauduleuses exercées aux bascules, revendu au gouvernement avec des bénéfices considérables sinon illicites.. »

La Commission des Marchés a établi en effet que M. Borde, ou ses agents ont vendu à l'État de l'eau claire au même prix que la viande. Leur méthode était la suivante: on menait les bœufs à l'abreuvoir immédiatement avant de les peser; ils buvaient, leur poids était augmenté d'autant et le tour était joué.

Ce qu'il y a de certain c'est que pour le seul marché des bœufs, M. Borde a partagé à Marseille avec ses deux associés, une somme de neuf cents et quelques mille francs.

Nous ne lui en faisons pas un crime, mais c'est un joli denier...

Au moment du siége, M. Borde crut avoir assez fait pour Paris en le fournissant de viande à si bon compte. Il pensa que le dévouement doit avoir des limites et qu'après s'être ruiné pour la patrie, on n'est pas tenu de se faire encore tuer pour elle. Lorsque le camp des Alpines fut décrété, M. Borde qui était tout d'un coup devenu radical, fut nommé chef de bataillon du génie. Il endossa le costume militaire et le porta trois mois. Mais cette tenue n'allait guère avec son caractère pacifique. Le 4 avril, au moment de la lutte des insurgés et de la troupe, M. Borde était à Marseille. Il n'avait que son uniforme. Il ne voulut pas sortir ainsi, par prudence sans doute et de crainte que les insurgés le prenant pour un véritable soldat, ne le traitassent comme tel. Il emprunta donc des effets civils à un ami et resta tout le jour dans ce costume moins guerrier, mais plus sûr, et qui, s'il pinçait moins la taille du locataire, exposait moins aussi sa poitrine, immense avantage évidemment !

M. Borde est aujourd'hui radical. Il figure parmi les plus purs du conseil général des Bouches-du-Rhône, au sein duquel il a jadis protesté de son dévouement à l'Empire. Il faut reconnaître cependant que s'il a changé d'opinion jusqu'à nouvel ordre il n'a pas changé de langage, et qu'il mêle autant de cuirs à ses *hosanna* de la République qu'il en prodiguait autrefois dans ses cantiques à sa Majesté l'Empereur Napoléon III.

Note D.

M. Rouvier, le vice-président civil dont parle ici l'auteur est bien connu à Marseille.

Il appartient à une famille peu aisée: son père était garçon de restaurant, puis restaurateur. Lui, Maurice, fit des études incomplètes et assez mauvaises. Comme beaucoup d'hommes appelés aux premiers honneurs, il était un écolier bien paresseux en classe. Au sortir du collége, il entra en qualité de commis dans une maison de commerce qu'il ne quitta que pour aller chez un Grec faire la douane. C'est pendant qu'il était dans les bureaux de ce dernier qu'il fonda, avec Delpech, *l'Égalité*, journal démocratique. On était à la veille du plébiscite. Chacun devinait quel en serait le résultat. Or, veut-on savoir comment M. Rouvier jugeait alors le suffrage universel : « Le suffrage universel, écrivait-il, agent essentiellement instable, mobile, variable dans ses manifestations, est radicalement incompétent et incapable pour sanctionner un système politique..... » Aujourd'hui M. Rouvier pense qu'il n'y a rien de plus beau que le suffrage universel. Il professe même un tel respect pour ses décisions qu'il voudrait qu'on pût le consulter à toute heure pour qu'on fût sûr de lui obéir.

Au 4 septembre, M. Rouvier s'installa à la Préfecture comme membre du Comité de Salut Public lequel se transforma ensuite en Conseil départemental. Cette qualité ne suffisant pas à son ambition, on le nomma secrétaire général. Il exerça cette position sous Esquiros notamment et fut un des convives de ces festins pantagruéliques que la Commission des Marchés a fait connaître et que ces intègres républicains s'offraient pour le plus grand bien de la République. Du reste, M. Rouvier n'était pas égoïste. Il répandait ses bienfaits sur les frères et amis. Il signait des réquisitions de Marseille à Lyon, aller et retour, première classe, pour la citoyenne Delpech et ne marchandait pas..... l'argent des contribuables.

Il eut l'habileté de rester secrétaire général sous MM. Labadié, Esquiros, Delpech et Gent. Lorsque Delpech, obligé de se démettre, lança sa mirobolante proclamation du 30 octobre :

« Citoyens,

« Il n'y a plus désormais dans la nation que deux catégories possibles :

« Les lâches et les braves !

« Qui voudrait être de la première ?

« Je veux appartenir à la seconde, j'envoie ma démission de préfet et je prends le fusil.

« Vous viendrez tous avec moi, et quand nos vieillards et nos femmes rencontreront quelque part un homme valide, ils s'écrieront avec une légitime indignation :

« Voila un lache ! »

Lorsque, dis-je, Delpech lança cette foudroyante proclamation, M. Rouvier n'alla pas avec son préfet. Il resta bravement à Marseille. Il y trouva d'ailleurs son compte. En arrivant à l'armée des Vosges, M. Delpech n'avait été nommé que lieutenant-colonel commandant une brigade.

M. Gent accorda à M. Rouvier le titre de vice-président civil du camp des Alpines, avec rang et galons au moins de général de division.

Nous ne reviendrons pas sur ce que M. Rouvier fit aux Alpines, l'auteur l'a dit. Nous ne ferons qu'indiquer ceci, c'est qu'on porta le vice-président comme candidat aux élections de février. M. Rouvier résuma télégraphiquement son programme de la manière suivante : « Ne pas permettre que la République soit discutée par l'Assemblée et résister à l'envahisseur jusqu'à la mort. » M. Rouvier omettait seulement de dire jusqu'à la mort de qui. S'il avait fallu résister jusqu'à la mort des républicains qui ne se sont pas battus et qui ne voulaient pas se battre, évidemment c'eût été long.....

M. Rouvier ne passa pas en février. Il ne fut nommé que plus tard.

La France entière sait ce qu'il a fait à la Chambre et ce que la Patrie lui doit.

211

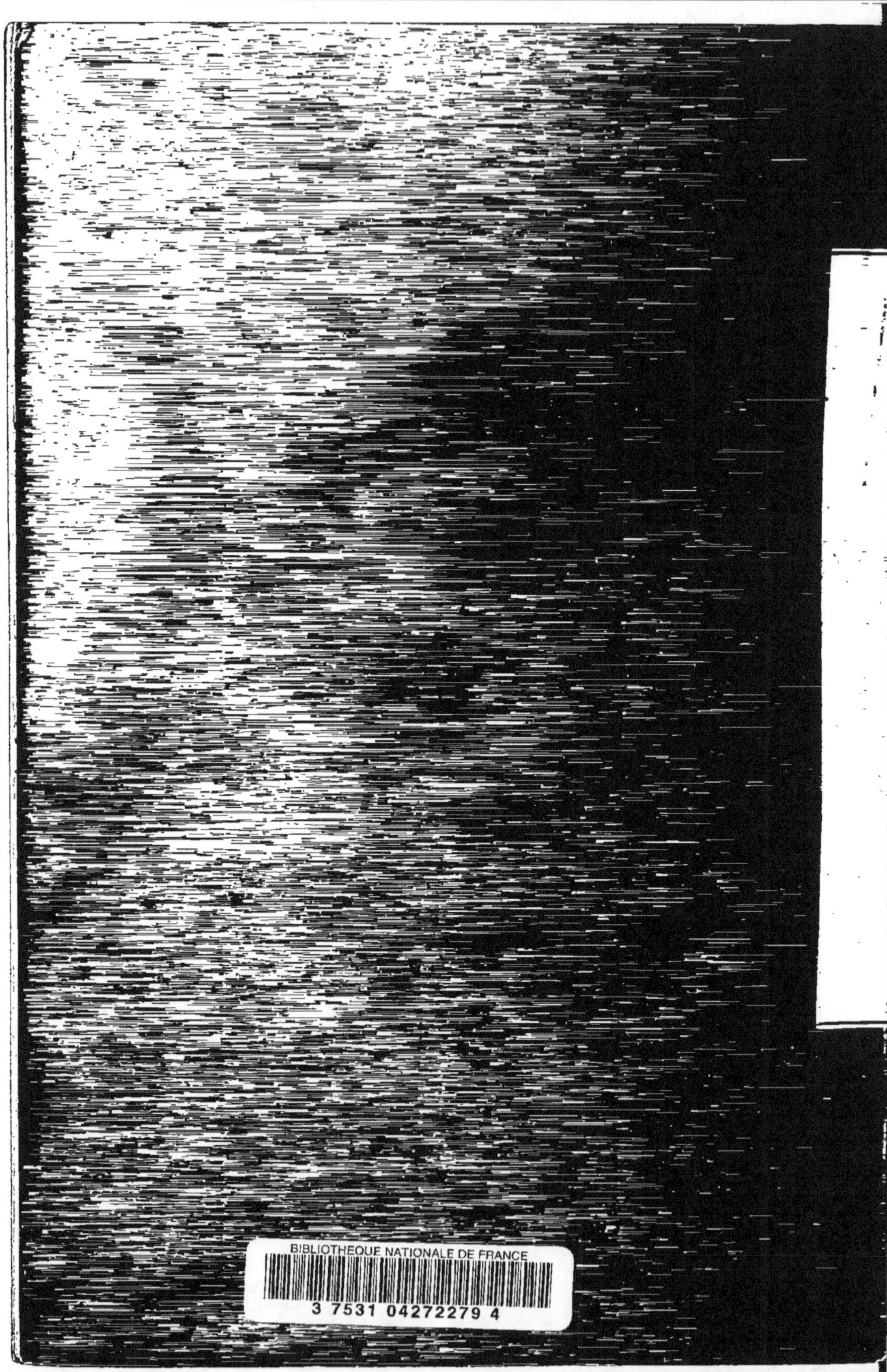
BIBLIOTHEQUE NATIONALE DE FRANCE

3 7531 04272279 4

www.ingramcontent.com/pod-product-compliance
Lightning Source LLC
Chambersburg PA
CBHW061257050726
47594CB00004B/1515

Camps des Alpines. La République en baraques.
Carnet d'un officier

http://gallica.bnf.fr/ark:/12148/bpt6k6374912d

Ce livre est la reproduction fidèle d'une œuvre publiée avant 1920 et fait partie d'une collection de livres réimprimés à la demande éditée par Hachette Livre, dans le cadre d'un partenariat avec la Bibliothèque nationale de France, offrant l'opportunité d'accéder à des ouvrages anciens et souvent rares issus des fonds patrimoniaux de la BnF.

Les œuvres faisant partie de cette collection ont été numérisées par la BnF et sont présentes sur Gallica, sa bibliothèque numérique.

En entreprenant de redonner vie à ces ouvrages au travers d'une collection de livres réimprimés à la demande, nous leur donnons la possibilité de rencontrer un public élargi et participons à la transmission de connaissances et de savoirs parfois difficilement accessibles.

Nous avons cherché à concilier la reproduction fidèle d'un livre ancien à partir de sa version numérisée avec le souci d'un confort de lecture optimal.

Nous espérons que les ouvrages de cette nouvelle collection vous apporteront entière satisfaction.

Pour plus d'informations, rendez-vous sur www.hachettebnf.fr